पुस्तकों और ई-पुस्तकों को स्वयं प्रकाशित करें

शिव प्रसाद बोस

जय बोस

विषय सूची

प्रस्तावना

लेखकों के लिए कम अग्रिम लागत और डिजिटल प्रौद्योगिकियों और वेब-आधारित प्रकाशन सॉफ्टवेयर की पहुंच के कारण आजकल स्व-प्रकाशन लोकप्रिय हो रहा है। भारत जैसे देशों में, लेखक स्व-प्रकाशन टूल का उपयोग कर रहे हैं क्योंकि वे अंग्रेजी के साथ-साथ भारतीय भाषाओं में भी उपलब्ध हो रहे हैं। इसके अलावा, स्व-प्रकाशित पुस्तकों को बेचने के प्लेटफॉर्म भी अधिक आसानी से सुलभ और किफायती होते जा रहे हैं।

इस पुस्तक में, हम एक लेखक द्वारा अपनी पुस्तक को स्व-प्रकाशित करने के चरणों पर चर्चा करते हैं। हम वर्तमान में उपलब्ध विभिन्न उपकरणों और प्लेटफार्मों पर चर्चा करते हैं और उनका उपयोग कैसे करें। यह आशा की जाती है कि यह पुस्तक नए भारतीय लेखकों और भारतीय भाषाओं में प्रकाशित होने वाले लेखकों सहित लेखकों के लिए यह जानने के लिए उपयोगी संसाधन होगी कि उनकी स्वयं-प्रकाशन यात्रा में कहां से शुरू करना है और क्या करना है।

लेखकों के बारे में

शिव प्रसाद बोस एक इलेक्ट्रिकल इंजीनियर और भारतीय कानूनों के विभिन्न पहलुओं पर परिचयात्मक गाइडबुक के लेखक हैं। वह उत्तर प्रदेश पावर कॉर्पोरेशन लिमिटेड (पूर्व में

यूपीएसईबी) में कई वर्षों की सेवा के बाद सेवानिवृत्त हुए हैं। उन्होंने कोलकाता के जादवपुर विश्वविद्यालय से इंजीनियरिंग की डिग्री और मेरठ विश्वविद्यालय, मेरठ से कानून की डिग्री प्राप्त की। उनकी रुचि परिवार कानून, नागरिक कानून, अनुबंधों के कानून और बिजली से संबंधित मुद्दों से संबंधित कानून के किसी भी क्षेत्र में है।

जय बोस एक सॉफ्टवेयर इंजीनियर और डेटा साइंटिस्ट हैं।

अध्याय 1
स्व-प्रकाशन के लिए क्यों जाएं?

स्व-प्रकाशन नए लेखकों के लिए अपनी पुस्तकों को न्यूनतम लागत, समय और प्रयास के साथ प्रकाशित करने और उन्हें पाठकों तक पहुँचाने का एक तरीका है। अपनी पुस्तक के साथ एक पारंपरिक प्रकाशक के पास जाने के बजाय, स्व-प्रकाशन का अर्थ है कि लेखक स्वयं अपनी पुस्तकों को प्रारूपित करने, कवर को डिजाइन करने आदि का भार वहन करते हैं। कुछ मामलों में, स्व-प्रकाशन में प्रकाशित पुस्तकों के लिए विपणन और प्रचार भी शामिल है।

इस अध्याय में, हम पारंपरिक पुस्तक प्रकाशन की तुलना में स्व-प्रकाशन के पक्ष और विपक्ष पर चर्चा करते हैं।

1.1 पारंपरिक पुस्तक प्रकाशकों के साथ अपनी पुस्तक का प्रकाशन

पारंपरिक प्रकाशन में, लेखक को अपनी पांडुलिपियों के कुछ हिस्सों को विभिन्न स्थापित प्रकाशकों को विचार के लिए भेजना पड़ता है, अन्यथा उन्हें प्रकाशकों द्वारा विशिष्ट विषयों पर अपनी पांडुलिपियां जमा करने के लिए आमंत्रित किया जाता है। प्रकाशक तब लेखकों द्वारा प्रस्तुत पांडुलिपियों की जांच करते

हैं और निर्णय लेते हैं कि प्रकाशन के लिए पुस्तक को स्वीकार या अस्वीकार करना है या नहीं।

यदि पांडुलिपि को प्रकाशन के लिए स्वीकार किया जाता है, तो लेखक प्रकाशकों के साथ अपनी पुस्तक को पारस्परिक रूप से सहमत समयरेखा के भीतर पूरा करने के लिए एक अनुबंध पर हस्ताक्षर करते हैं। अनुबंध के हिस्से के रूप में, उन्हें आमतौर पर पुस्तक को पूरा करने के लिए प्रकाशकों से शुल्क मिलता है, साथ ही पुस्तक की बिक्री से रॉयल्टी का एक हिस्सा भी मिलता है।

प्रकाशक, जो आमतौर पर प्रसिद्ध पुस्तक कंपनियां हैं जो हर साल हजारों पुस्तकें प्रकाशित करती हैं, फिर विभिन्न चैनलों के माध्यम से पुस्तक के लेआउट और कवर, प्रिंटिंग, मार्केटिंग और बिक्री को डिजाइन करने की जिम्मेदारी लेते हैं। वे अधिक पठनीय पुस्तक लिखने के लिए प्रूफरीडिंग, दृष्टांतों और मार्गदर्शन के साथ लेखक की सहायता भी कर सकते हैं। इनमें से प्रत्येक कार्य के लिए उनके पास आमतौर पर समर्पित पेशेवर टीमें होती हैं।

भारत में कुछ पारंपरिक प्रकाशकों में शामिल हैं: पेंगुइन इंडिया, हैचेट इंडिया, जैको, रूपा, रोली बुक्स, हार्पर कॉलिन्स पब्लिशर्स इंडिया।

1.2 पारंपरिक प्रकाशन के फायदे और नुकसान

पारंपरिक प्रकाशन के लाभ इस प्रकार हैं:

1. लेखक को पुस्तक लिखने और प्रूफ रीडिंग जैसे कदमों को लिखने में पेशेवर मदद और मार्गदर्शन मिल सकता है।
2. लेखक को अपनी पुस्तक के प्रारूपण और डिजाइन के बारे में चिंता करने की आवश्यकता नहीं है।
3. पुस्तक के विपणन और बिक्री के सभी चरण प्रकाशक द्वारा नियंत्रित किए जाते हैं, इसलिए लेखक को इन चरणों के बारे में भी चिंता करने की आवश्यकता नहीं है।
4. पारंपरिक प्रकाशकों के माध्यम से बेची जाने वाली पुस्तकों के बड़े दर्शकों तक पहुंचने की संभावना अधिक होती है, क्योंकि उनके पहले से ही विभिन्न किताबों की दुकानों और वितरण चैनलों जैसे पुस्तक मेलों के साथ संबंध हो सकते हैं।
5. उनके पास पुस्तकों के प्रचार और विज्ञापन के लिए प्रक्रियाएं भी हो सकती हैं, और इसे अपने कैटलॉग में शामिल कर सकते हैं जहां संभावित खरीदार पुस्तकों के बारे में पता लगा सकते हैं।
6. पैमाने की किफायत के कारण पारंपरिक प्रकाशकों द्वारा बेची जाने वाली पुस्तकों की कीमत कम हो सकती है। इसके परिणामस्वरूप अधिक प्रतियां बिक सकती हैं और लेखक के लिए उच्च रॉयल्टी भुगतान हो सकता है।

पारंपरिक प्रकाशकों का उपयोग करने के नुकसान इस प्रकार हैं:
1. लेखक अक्सर अपनी पुस्तक से संबंधित महत्वपूर्ण निर्णयों के नियंत्रण में नहीं होता है, जैसे कि डिज़ाइन और सामग्री और वे लोग जिनके लिए पुस्तक का विपणन किया जाता है।

2. नए लेखकों के लिए किसी स्थापित पब्लिशिंग हाउस से अपनी किताबें स्वीकार करवाना मुश्किल होता है। अक्सर, ऐसे प्रकाशक नए और अज्ञात लेखकों द्वारा प्रस्तुतियाँ स्वीकार भी नहीं कर सकते हैं और केवल आमंत्रित और ज्ञात लेखकों पर भरोसा करते हैं।

1.3 स्व-प्रकाशन की प्रक्रिया

स्व-प्रकाशन में, लेखक किसी भी वर्ड प्रोसेसिंग सॉफ्टवेयर जैसे माइक्रोसॉफ्ट वर्ड का उपयोग करके अपनी पांडुलिपि टाइप करता है। वे आमतौर पर अपनी पांडुलिपियों को प्रूफ-रीड करते हैं या इसे अपने दोस्तों या संपर्कों से करवाते हैं। फिर वे अपनी पुस्तक को प्रारूपित करने के लिए वेब-आधारित टूल सहित सॉफ़्टवेयर का उपयोग करते हैं ताकि यह ई-पुस्तकों के लिए उपयुक्त हो, जैसे कि epub या pdf या किंडल प्रारूप।

एक बार जब पुस्तक पूरी हो जाती है और सही प्रारूप में तैयार हो जाती है, तो लेखक अमेज़ॅन केडीपी (KDP) जैसी स्वयं-प्रकाशन कंपनियों द्वारा प्रदान किए गए वेब-आधारित इंटरफेस का उपयोग करके पुस्तक अपलोड करते हैं। कुछ जाँचों के बाद, जो वेब टूल का उपयोग करके किया जा सकता है, फिर पुस्तक प्रकाशित की जाती है। प्रकाशित पुस्तक का विपणन और संभावित पाठकों तक पहुंचना भी आमतौर पर लेखकों की जिम्मेदारी है, ब्लॉग, पुस्तक-पठन सत्र आदि के माध्यम से।

1.4 स्व-प्रकाशन के फायदे और नुकसान

स्व-प्रकाशन के लाभ इस प्रकार हैं:

1. उपलब्ध उपकरणों और प्लेटफार्मों की संख्या को देखते हुए, एक लेखक के लिए एक पुस्तक को स्वयं प्रकाशित करना अक्सर तेज होता है।

2. लेखक को प्रकाशक द्वारा पुनरीक्षण प्रक्रिया से गुजरने की आवश्यकता नहीं है।

3. पुस्तक को प्रकाशित करने के लिए लेखक को जो भी उपकरण, प्रारूप, सॉफ्टवेयर और कंपनियां पसंद हैं, उनका उपयोग करने की स्वतंत्रता है।

4. बिक्री से पूरी रॉयल्टी, प्रकाशक के कट के अलावा, सीधे लेखक के पास जाती है। रॉयल्टी आमतौर पर बिक्री मूल्य के 30-70% के बीच होती है।

स्व-प्रकाशन के नुकसान इस प्रकार हैं:

1. लेखक के लिए अपनी पुस्तक को प्रारूपित करने और उसका विपणन करने के लिए कार्य शामिल है।

2. लेखक कवर डिजाइन और ऐसी अन्य गतिविधियों का विशेषज्ञ नहीं हो सकता है।

3. विपणन की जिम्मेदारी लेखक की भी हो सकती है और लेखक के पास संभावित खरीदारों को अपनी पुस्तक का विपणन करने के लिए आवश्यक कौशल नहीं हो सकते हैं।

4. स्वयं प्रकाशित पुस्तकों के पाठक और खरीदार सीमित हैं।

5. प्रकाशकों द्वारा लक्षित प्रचार के अभाव में नए पाठकों के लिए स्व-प्रकाशित पुस्तकों की खोज करना अधिक कठिन है।

1.5 पुस्तक को स्वयं प्रकाशित करने की लागत

यदि लेखक केवल उपलब्ध ऑनलाइन मुफ़्त वेब-आधारित टूल का उपयोग करता है और पुस्तक के प्रूफरीडिंग, डिज़ाइन और मार्केटिंग में कोई सहायता नहीं लेता है, तो स्वयं-प्रकाशन की लागत मुफ़्त हो सकती है।

यदि लेखक डिजाइन और विपणन के कुछ या सभी पहलुओं के लिए स्वयं-प्रकाशन कंपनियों की सहायता लेने का विकल्प चुनता है, तो उनकी लागत में तदनुसार वृद्धि होगी।

कई कंपनियां अब लेखकों को उनके लिए आवश्यक सेवा के स्तर के आधार पर पैकेज प्रदान करती हैं। विभिन्न कारकों के आधार पर लागत कुछ हज़ार रुपये से लेकर दसियों हज़ार तक हो सकती है।

उनमें निम्नलिखित शामिल हैं:

1. प्रकाशक और ऑनलाइन प्लेटफॉर्म की पसंद।

2. चाहे प्रकाशित पुस्तक पेपरबैक हो या हार्डबैक या ई-बुक या ऑडियो बुक।

3. क्या लेखक सभी चरणों को स्वयं करता है या कुछ चरणों के लिए सशुल्क सेवाओं का उपयोग करता है।

उदाहरण के लिए, भारत में एक प्रसिद्ध स्व-प्रकाशन कंपनी नोशान प्रेस के पास पैकेज हैं जिनकी लागत पूरी तरह से मुफ्त से लेकर 4990 रुपये से 35990 रुपये (साथ ही जीएसटी कर) तक है।

1.6 निष्कर्ष

इस अध्याय में हमने स्व-प्रकाशन और पारंपरिक प्रकाशन के चरणों और फायदे और नुकसान के बारे में संक्षेप में चर्चा की है। कई नए लेखकों के लिए, पारंपरिक प्रकाशकों द्वारा उनकी पुस्तकों को स्वीकार करने के लिए उच्च बार के कारण स्व-प्रकाशन ही एकमात्र संभव विकल्प है।

अध्याय 2
पुस्तक लिखने की योजना बनाने के लिए टिप्स

इस अध्याय में, हम कुछ युक्तियों और तकनीकों पर चर्चा करते हैं जिनका उपयोग लेखक एक नई पुस्तक की योजना बनाने के लिए कर सकता है।

2.1 पुस्तक को प्रबंधनीय भागों में तोड़ें

पुस्तक लिखना पहली बार में एक कठिन काम लग सकता है, और पहली बार लेखकों के लिए मुश्किल हो सकता है। इसलिए, इसे आसान बनाने का एक तरीका यह है कि कार्य को छोटे और प्रबंधनीय भागों में विभाजित किया जाए।

पुस्तक लिखना किसी नए लेखक की रुचि या शौक से प्रेरित हो सकता है। इस तरह से देखा जाए, तो वे इसे अपने खाली समय में पूरा करने के लिए एक खुशी के काम के रूप में मान सकते हैं। हालांकि, कभी-कभी पुस्तक के विभिन्न चरणों के लिए उचित योजना और समय-सीमा के साथ पुस्तक लेखन के कार्य को एक परियोजना की तरह लेना बेहतर होता है।

लेखक पुस्तक लेखन परियोजना को निष्पादित करने के लिए परियोजना प्रबंधन उपकरण, जैसे कि माइक्रोसॉफ्ट प्रोजेक्ट और कानबन (kanban) और जीरा (jira) टूल का भी उपयोग कर सकते हैं।

लेखक के उपलब्ध समय, पुस्तक की प्रस्तावित लंबाई और लेखक की लेखन गति के आधार पर पुस्तक को पूरा करने की समयावधि 3-6 महीने या एक या अधिक वर्ष हो सकती है।

2.2 पुस्तक की रूपरेखा लिखें

एक नए लेखक के लिए पुस्तक की ठीक से योजना बनाने के लिए, वे पहले अपनी पुस्तक की रूपरेखा लिख सकते हैं: वे प्रत्येक अध्याय में पुस्तक के शीर्षक, अध्यायों के नाम और उपखंडों से शुरू कर सकते हैं।

पुस्तक सामग्री लिखना शुरू करने से पहले शुरुआत में रूपरेखा लिखना लेखक को इस बारे में ध्यान से सोचने के लिए मजबूर करेगा कि वे पाठकों को क्या संदेश देना चाहते हैं।

रूपरेखा लिखते समय, इच्छित पाठकों के बारे में यह सोचना उपयोगी हो सकता है कि पुस्तक उनके लिए कैसे उपयोगी हो सकती है और वे पढ़ने के लिए किस प्रकार की पुस्तक लिखेंगे। इस मामले में कुछ मार्गदर्शन प्राप्त करने के लिए उसी शैली की अन्य पुस्तकें देख सकते हैं।

2.3 प्रतिदिन पुस्तक का कोई न कोई भाग अवश्य लिखें

विलंब और आलस्य किसी भी पुस्तक लेखक के लिए अभिशाप है। इसका मुकाबला करने के लिए, एक उपयोगी रणनीति यह है कि एक ही बैठक में बड़े टुकड़ों में लिखने के बजाय, हर दिन थोड़ा सा, यहां तक कि कुछ वाक्य या पैराग्राफ भी लिखें। यह काइज़ेन (kaizen) की जापानी तकनीक से प्रेरित है, जिसका अर्थ है अंतिम लक्ष्य की दिशा में हर दिन कुछ न कुछ करना।

2.4 पुस्तक टाइप करना है या हाथ से लिखना है

लेखक यह तय कर सकता है कि पूरी पुस्तक को कंप्यूटर पर टाइप करना है या पहले हाथ से लिखना है और फिर बाद में टाइप करना है, या दोनों का मिश्रण है। अलग-अलग लेखकों की अलग-अलग शैलियाँ हैं, और ऐसी कोई शैली नहीं है जो हमेशा सबसे अच्छी हो।

हालाँकि, कंप्यूटर पर टाइप करने से लेखक को उपलब्ध वर्तनी और व्याकरण जाँचकर्ताओं जैसे उपकरणों का लाभ उठाने में सक्षम बनाया जा सकता है। ग्रामरली (https://www.grammarly.com/) ऐसा ही एक उपयोगी टूल है। Microsoft Word का स्वतः सुधार वर्तनी जाँच और व्याकरण जाँच के लिए भी एक उपयोगी उपकरण हो सकता है। लेकिन ये उपकरण ज्यादातर अंग्रेजी भाषा के लिए लागू होते हैं। हिंदी और अन्य भारतीय भाषाओं के लिए व्याकरण के कुछ उपकरण उपलब्ध हो सकते हैं लेकिन बहुत अधिक नहीं।

2.5 अपने दिमाग में देखें कि पूरी पुस्तक कैसी दिखती है

लेखक को लिखने के लिए प्रेरित करने के लिए, एक उपकरण जो उपयोगी हो सकता है, वह यह है कि पुस्तक की कल्पना करना कि यह पूरा होने पर कैसा दिखता है। लेखक भविष्य में पूरी पुस्तक को पढ़ने वाले और उसे पढ़ने का आनंद लेने वाले पाठक की कल्पना कर सकता है। इस तरह के विज़ुअलाइज़ेशन पुस्तक को समाप्त करने और उनकी उत्पादकता के लिए किसी भी दिमागी अवरोधक से निपटने के लिए एक अच्छी प्रेरणा के रूप में काम कर सकते हैं।

2.6 पुस्तक को पुनरावृत्तियों में पूरा करें

कुछ लेखकों को पुस्तक को पुनरावृत्तियों में समाप्त करना उपयोगी लग सकता है: यानी जल्दी से पूरी पुस्तक का पहला मसौदा प्राप्त करें, फिर इसे सुधारने के लिए पढ़ें और सुधार करें, और बाद के मसौदे के लिए प्रक्रिया को कई बार दोहराएं। अंत में, पूर्ण किए गए मसौदे में पहले से किए गए सभी सुधार होंगे।

अन्य लेखकों को इस सुधार और पुनरावृत्तियों को अध्याय दर अध्याय करना उपयोगी लग सकता है, न कि पूरी पुस्तक के लिए। इसका मतलब है कि एक अध्याय लिखना, अध्याय के मसौदे को ध्यान से पढ़ना या प्रतिक्रिया प्राप्त करने के लिए

अपने दोस्तों को देना। जब लेखक पूर्ण अध्याय से खुश होता है, तभी वे अगला अध्याय लिखना शुरू करते हैं।

तेजी से स्व-प्रकाशन के इन दिनों में, कोई भी संस्करण द्वारा पुस्तक संस्करण का प्रकाशन भी कर सकता है, जो पुनरावृत्तियों के समान है लेकिन लंबे समय के पैमाने पर है।

2.7 निष्कर्ष

इस अध्याय में, हमने लेखकों के लिए कुछ उपयोगी युक्तियों पर चर्चा की है। चूंकि विभिन्न लेखकों की अपनी शैली हो सकती है, इनमें से कुछ युक्तियां उपयोगी हो सकती हैं और अन्य नहीं। एक नए लेखक को यह तय करना चाहिए कि उनके लिए सबसे अच्छा कौन सा है।

अध्याय 3
पुस्तक को प्रारूपित करने के तरीके

इस अध्याय में, हम एक स्व-प्रकाशित पुस्तक को प्रारूपित करने की तकनीकों पर चर्चा करते हैं, ताकि यह पाठक के लिए पठनीय और आकर्षक लगे।

3.1 एक पुस्तक में अनुभाग

एक पुस्तक में निम्नलिखित मुख्य भाग हो सकते हैं:

- कवर पृष्ठ
- विषयसूची
- (वैकल्पिक अनुभाग) आभार, समर्पण, कॉपीराइट
- प्रस्तावना
- पुस्तक के अध्याय
    - अध्याय 1: अध्याय का शीर्षक
    - अध्याय 2: अध्याय का शीर्षक
    - … (अध्याय n: अध्याय का शीर्षक)
- (वैकल्पिक अनुभाग) शब्दावली

- (वैकल्पिक अनुभाग) लेखक की अन्य पुस्तकें

एक लेखक अपनी पुस्तक को ऊपर दिखाए गए समान खंडों के साथ बना सकता है। हालांकि, इसके बारे में कोई सख्त नियम नहीं है और विविधताएं काफी संभव हैं।

इन अनुभागों वाला एक Microsoft Word दस्तावेज़ पुस्तक लिखने के लिए एक अच्छा प्रारंभिक बिंदु या टेम्पलेट के रूप में काम कर सकता है। कुछ अनुमानित संरचना को ध्यान में रखना एक अच्छा विचार है, कि कैसे विषय (एक गैर-काल्पनिक पुस्तक के मामले में) या कहानी (एक कथा पुस्तक के मामले में) विकसित किए जाएंगे।

3.2 पुस्तक लिखने के लिए किस प्रारूप का उपयोग करना है

पुस्तक लिखना शुरू करने के लिए माइक्रोसॉफ्ट वर्ड एक अच्छा आसान विकल्प है। इसका उपयोग करने में आसान इंटरफ़ेस, साथ ही वर्तनी जाँच और व्याकरण जाँच और व्यापक लोकप्रियता महत्वपूर्ण लाभ हैं।

ई- पुस्तकें प्रकाशित करने के लिए, माइक्रोसॉफ्ट वर्ड (Microsoft word) का उपयोग करना हमेशा काम नहीं कर सकता है, क्योंकि अलग-अलग ई-बुक रीडर ईपीयूबी (EPUB) या डीजेवीयू (DJVU) या मोबी (MOBI) जैसे विभिन्न प्रारूपों में किताबें स्वीकार करते हैं। तो लेखक को या तो इस तरह के

प्रारूपों में पुस्तक लिखनी होगी, या फिर पुस्तक को माइक्रोसॉफ्ट वर्ड से इन प्रारूपों में बदलना होगा।

इ-पुस्तकों के लिए, ऐसे प्रारूप का उपयोग करना अधिक समझदारी है जो विभिन्न ई-पुस्तक पाठकों के अनुकूल हो, जैसे कि EPUB ।

साथ ही, विभिन्न प्रारूपों में संगतता कारणों के लिए, जितना संभव हो उतना कम स्वरूपण के साथ एक सरल प्रारूप में एक पुस्तक लिखना अच्छा है। इसका कारण यह है कि बहुत अधिक स्वरूपण फ़ाइल में छिपे हुए मार्कअप वर्णों का परिचय देता है, जो विभिन्न स्वरूपों में परिवर्तित होने पर समस्या पैदा कर सकता है।

कम फ़ॉर्मेटिंग और कम छिपे हुए मार्कअप के साथ, हमें इस बात का सटीक अंदाजा हो जाएगा कि हमारी पूरी की गई ईबुक विभिन्न प्रकार के उपकरणों और ई-रीडर पर कैसी दिखेगी।

ई-पुस्तकें लिखने के लिए कुछ लोकप्रिय फ़ाइल स्वरूप इस प्रकार हैं:

- **EPUB**: यह EBooks के लिए एक उद्योग मानक है और अधिकांश प्रकाशकों जैसे कि Apple पुस्तकें, Google play, Draft2Digital, Amazon Kindle और अन्य के साथ संगत है। कोई व्यक्ति माइक्रोसॉफ्ट वर्ड जैसे प्रारूपों को परिवर्तित करके या ड्राफ्ट2डिजिटल (https://www.draft2digital.com/) के साथ उपलब्ध

कनवर्टर जैसे कुछ वेब आधारित टूल का उपयोग करके एक EPUB फ़ाइल बना सकता है।

- **Mobi:** यह मुख्य रूप से Amazon Kindle Direct Publishing (KDP, https://kdp.amazon.com/en_US/) द्वारा प्रकाशित और Amazon Kindle पर संगत ई-बुक्स और पेपरबैक के लिए है। यहां भी, किंडल क्रिएट जैसे सॉफ्टवेयर का उपयोग करके माइक्रोसॉफ्ट वर्ड की किताबों से कन्वर्ट किया जा सकता है, जिसे www.amazon.com वेबसाइट से डाउनलोड किया जा सकता है।

- **माइक्रोसॉफ्ट वर्ड और पीडीएफ:** ये सबसे लोकप्रिय और आसान फॉर्मेट हैं। Microsoft Word में लिखी गई पुस्तकों को Microsoft Word पर इस रूप में सहेजें फ़ंक्शन द्वारा आसानी से PDF में परिवर्तित किया जा सकता है। ये पुस्तकें कुछ प्रकाशकों जैसे कि Google Play पुस्तकें के साथ सीधे संगत हो सकती हैं। या फिर, ऐसी पुस्तकों को अपने संबंधित सॉफ़्टवेयर जैसे Amazon KDP का उपयोग करके आसानी से Amazon Kindle और अन्य प्रारूपों में परिवर्तित किया जा सकता है।

अपने चुने हुए प्रारूप के लिए, लेखक पुस्तकें लिखने के लिए वेब आधारित या अन्य सॉफ़्टवेयर का उपयोग कर सकते हैं। विंडोज, लिनक्स और मैक के साथ-साथ वेब-आधारित टूल पर कई मुफ्त बुक पब्लिशिंग सॉफ्टवेयर टूल उपलब्ध हैं। साथ ही

पुस्तक प्रकाशकों और ई-पुस्तक प्रकाशकों के पास सामान्य रूप से अपने स्वयं के ऑनलाइन उपकरण भी होते हैं जिनका उपयोग लेखक अपनी पुस्तकों की रचना करने के लिए कर सकता है।

3.3 परीक्षण करना कि तैयार पुस्तक विभिन्न स्वरूपों और माध्यमों में कैसी दिखती है

एक बार एक विशिष्ट प्रारूप में एक पुस्तक की रचना करने के बाद, यह परीक्षण करना महत्वपूर्ण है कि विभिन्न प्रारूपों और माध्यमों में समाप्त पुस्तक कैसी दिखती है।

कभी-कभी, भाषा विशिष्ट फोंट, चित्र, समीकरण और अन्य आइटम ठीक से बाहर नहीं आ सकते हैं जब प्रारूप को परिवर्तित किया जाता है, जैसे कि माइक्रोसॉफ्ट वर्ड से EPUB इसलिए प्रकाशन के लिए सबमिट करने से पहले यह देखना महत्वपूर्ण है कि तैयार पुस्तक विभिन्न स्वरूपों में कैसी दिखती है।

विभिन्न माध्यमों और ई-पाठकों में देखने पर तैयार पुस्तक कैसी दिखती है, इसकी भी जांच करनी चाहिए। इन माध्यमों में निम्नलिखित शामिल हो सकते हैं:

- अमेज़न किंडल (Amazon kindle)
- आइपॉड
- नूक (Nook) ई-रीडर

- पीसी या लैपटॉप पर ऐप
- मोबाइल फोन

उदाहरण के लिए, अमेज़ॅन केडीपी (KDP) लेखकों को यह देखने की अनुमति देता है कि किंडल ऐप, वेब पास पीसी ऐप, मोबाइल फोन आदि से देखने पर उनकी तैयार पुस्तक कैसी दिखेगी।

ऐसी विशेष ऑनलाइन कंपनियां भी हैं जिनके पास सुंदर दिखने वाली पुस्तकों को डिजाइन करने के लिए ऑनलाइन सॉफ्टवेयर है। एक उल्लेखनीय उदाहरण है कैनवा बुक मेकर

(https://www.canva.com/create/ebooks/) जिसमें ई-बुक्स डिजाइन करने के लिए बहुत सारे सुंदर टेम्पलेट हैं। चित्र 1 इसका इंटरफ़ेस दिखाता है।

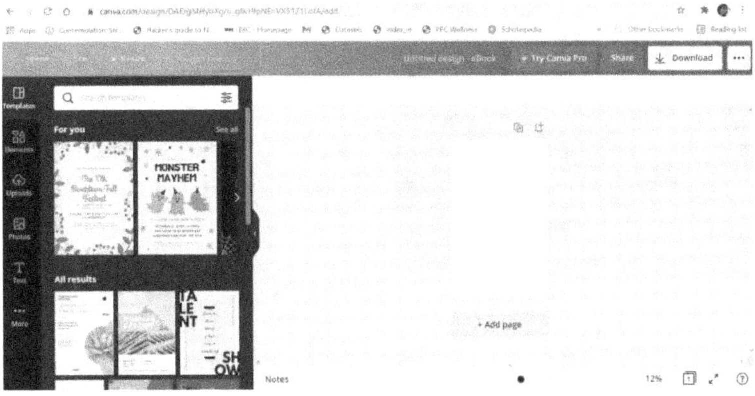

चित्र 1. कैनवा ऑनलाइन ईबुक मेकर का इंटरफ़ेस

3.4 कुछ उपकरण जिनका लेखक उपयोग कर सकते हैं

इस उपधारा में हम कुछ अच्छे और मुफ्त सॉफ्टवेयर और ऑनलाइन टूल पर चर्चा करते हैं जिनका उपयोग लेखक अपनी पुस्तकों को प्रकाशित करने के लिए कर सकते हैं।

किंडल क्रिएट (kindle create) एक अच्छा सॉफ्टवेयर है जो Amazons KDP का उपयोग करके प्रकाशित करने के लिए है। इसे अमेज़न वेबसाइट से डाउनलोड करके पीसी या मैक पर इंस्टॉल करना होगा।

चित्र 2 और 3 किंडल क्रिएट (kindle create) का इंटरफ़ेस दिखाते हैं।

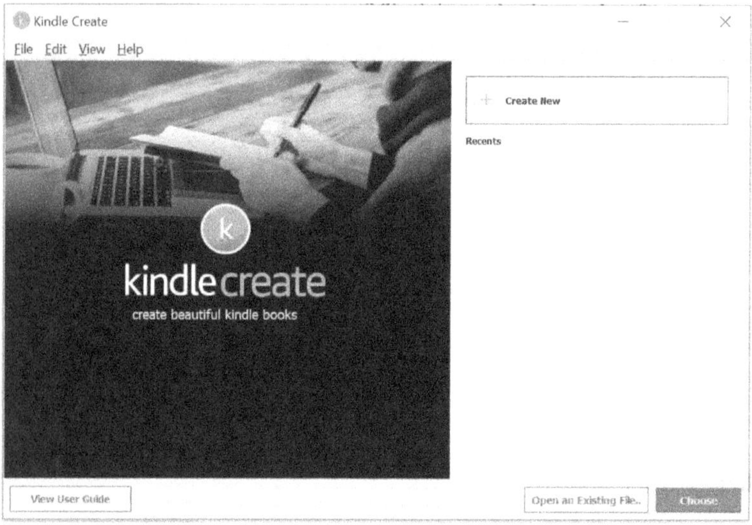

चित्र 2. अमेज़न वेबसाइट से किंडल क्रिएट (kindle create) सॉफ्टवेयर इंस्टाल करना

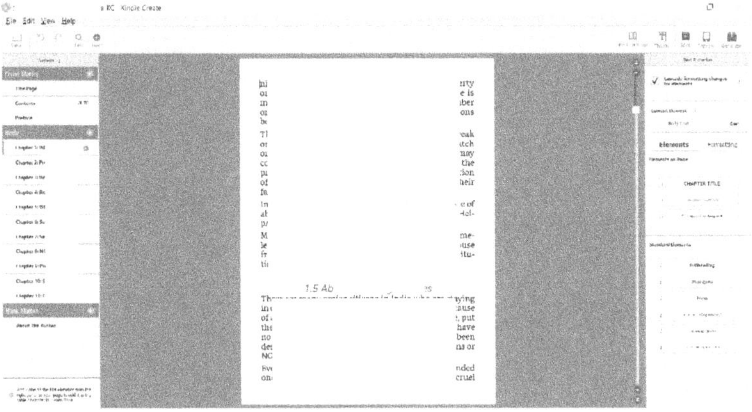

चित्र 3. एक पीसी पर किंडल क्रिएट का उपयोग करके एक पुस्तक की रचना करना

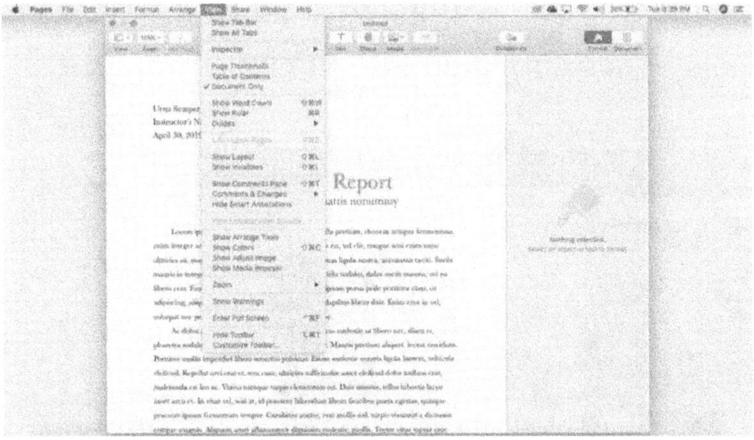

चित्र 4. Mac पर पुस्तकें लिखने के लिए Apple Pages सॉफ़्टवेयर का इंटरफ़ेस

Apple Mac में पेजेस (pages) सॉफ़्टवेयर (https://support.apple.com/en-us/HT208499) है जिसका उपयोग सुंदर दिखने वाली पुस्तकों की रचना के लिए किया जा

सकता है। इसका उपयोग करके बनाई गई पुस्तकें Apple Books और अन्य के साथ संगत हैं। रचित पुस्तकें EPUB प्रारूप में परिवर्तनीय हैं जो सभी प्रमुख पुस्तक पाठकों के अनुकूल हैं। चित्र 4 Apple पृष्ठों का इंटरफ़ेस दिखाता है।

3.5 पुस्तक में चित्र, आरेख, फ़्लोचार्ट जोड़ना

फ़्लोचार्ट, चित्र और आरेख जैसे दृश्य तत्वों को जोड़ने से पुस्तक में पठनीयता और पाठकों की रुचि बहुत बढ़ जाती है। इसके लिए लेखक आरेख और फ़्लोचार्ट के लिए draw.io सहित विभिन्न सॉफ़्टवेयर का उपयोग कर सकते हैं, Microsoft Powerpoint, Microsoft Visio और अन्य।

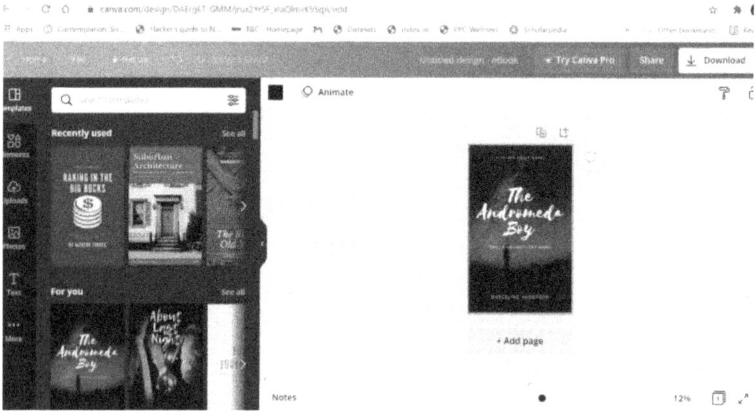

चित्र 5. पुस्तक कवर डिजाइन करने के लिए Canva.com वेब इंटरफेस

3.6 पुस्तक के लिए एक कवर डिजाइन करना

Canva.com उन अच्छी वेबसाइटों में से एक है जहां लेखक पेशेवर दिखने वाले बुक कवर डिजाइन कर सकता है। यह मुफ्त और सशुल्क दोनों तरह के बहुत सारे टेम्पलेट प्रदान करता है। बुक कवर डिजाइन करने के लिए ऐसी कई अन्य ऑनलाइन वेबसाइटें भी उपलब्ध हैं। चित्र 5 canva.com इंटरफ़ेस दिखाता है।

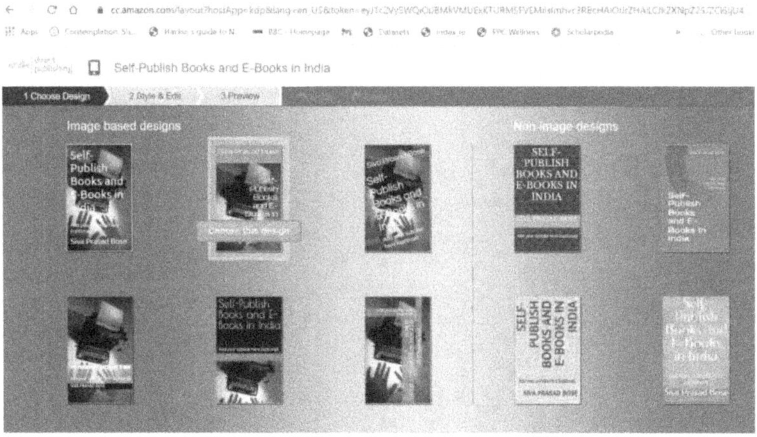

चित्र 6. अमेज़ॅन केडीपी (Amazon KDP) कवर निर्माता का इंटरफ़ेस

Amazon KDP और अन्य प्रकाशक आमतौर पर एक कवर डिज़ाइनर टूल प्रदान करते हैं। चित्र 6 कवर निर्माण के लिए Amazon KDP इंटरफ़ेस दिखाता है।

3.7 निष्कर्ष

इस अध्याय में, हमने कुछ लोकप्रिय टूल का सर्वेक्षण किया है, दोनों वेब आधारित और डाउनलोड करने योग्य सॉफ़्टवेयर, जो लेखकों के लिए अपनी पुस्तकों को प्रारूपित और डिज़ाइन करने के लिए उपलब्ध हैं।

अध्याय 4
ई-पुस्तकें कैसे प्रकाशित करें

इस अध्याय में, हम विभिन्न उपकरणों और प्लेटफार्मों पर चर्चा करते हैं जिनके उपयोग से एक लेखक अपनी ई-पुस्तकें प्रकाशित कर सकता है। हम मानते हैं कि इस चरण से पहले, लेखक के पास पहले से ही पिछले अध्यायों में वर्णित चरणों और उपकरणों का उपयोग करके लिखित और स्वरूपित पुस्तक है।

4.1 किंडल डायरेक्ट पब्लिशिंग (KDP)

Amazon की दुनिया के किसी भी बुकस्टोर की सबसे बड़ी पहुंच है, इसलिए यह किसी भी लेखक की पहली पसंद होनी चाहिए। ई-किताबें (किंडल में वितरण के लिए) और प्रिंट किताबें बनाने के लिए केडीपी (KDP) का उपयोग करके इसका एक अच्छा इंटरफ़ेस है।

केडीपी वेबसाइट https://kdp.amazon.com/en_US/ पर है।

चित्र 7 अमेज़न केडीपी (KDP) इंटरफ़ेस दिखाता है।

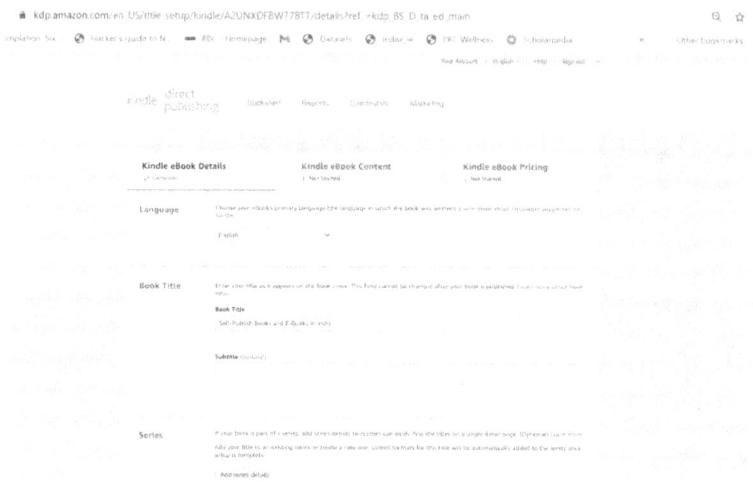

चित्र 7. नई पुस्तक के लिए Amazon KDP का इंटरफ़ेस

एक लेखक पिछले अध्याय में उल्लिखित किंडल क्रिएट (kindle create) सॉफ्टवेयर का उपयोग करके अपनी किताबें बना सकता है, जो पूरी पुस्तक को केपीएफ (KPF) फाइल के रूप में सहेजता है।

वैकल्पिक रूप से, वे एमएस वर्ड या MOBI और EPUB जैसे किसी अन्य लोकप्रिय प्रारूप का उपयोग करके किताबें लिख सकते हैं।

एक बार तैयार हो जाने पर, लेखक पुस्तक फ़ाइल को केडीपी (KDP) वेबसाइट पर अपलोड कर सकता है। KDP इंटरफ़ेस को कुछ और विवरणों की भी आवश्यकता होती है जैसे कि पुस्तक का शीर्षक, शैली, भाषा, लेखक विवरण, पुस्तक सारांश, बिक्री मूल्य आदि।

KDP का ऑनलाइन इंटरफ़ेस तब कुछ जाँच करता है। इसमें लेखक के पास कवर क्रिएटर (cover creator) सॉफ़्टवेयर का उपयोग करके कवर डिज़ाइन करने के विकल्प भी हैं। अन्यथा, लेखक Canva.com जैसे ऑनलाइन टूल का उपयोग करके डिज़ाइन किया गया अपना स्वयं का कवर अपलोड कर सकते हैं।

एक बार यह सब हो जाने के बाद, उसी KDP इंटरफ़ेस का उपयोग करके तैयार पुस्तक का पूर्वावलोकन किया जा सकता है। किंडल पर ई-पुस्तकों के लिए, लेखक यह देख सकता है कि यह टैबलेट, डेस्कटॉप, मोबाइल फोन और किंडल रीडर जैसे विभिन्न तरीकों पर कैसा दिखता है। एक बार जब लेखक पूर्वावलोकन को मंजूरी दे देता है, तो इसे अमेज़न पर प्रकाशित किया जाता है।

किंडल अनलिमिटेड (kindle unlimited) प्रोग्राम के हिस्से के रूप में नामांकन करके अपनी पुस्तक को बढ़ावा देने के लिए केडीपी सेलेक्ट (KDP select) का भी उपयोग कर सकते हैं, जहां किंडल असीमित सदस्य पुस्तकों तक पहुंच सकते हैं और पढ़ सकते हैं, और लेखकों को पढ़े गए पृष्ठों की संख्या के आधार पर भुगतान मिलता है।

हालांकि यह ध्यान दिया जाना चाहिए कि केडीपी सेलेक्ट (KDP select) किसी लेखक को अपनी ई-पुस्तकें किसी अन्य प्लेटफॉर्म पर नहीं डालने की अनुमति नहीं देता है (प्रिंट पुस्तकें ठीक हैं और अन्य प्लेटफार्मों पर रखी जा सकती हैं)।

लेखक के रूप में आप पुस्तक की कीमत और राजस्व विभाजन तय कर सकते हैं।

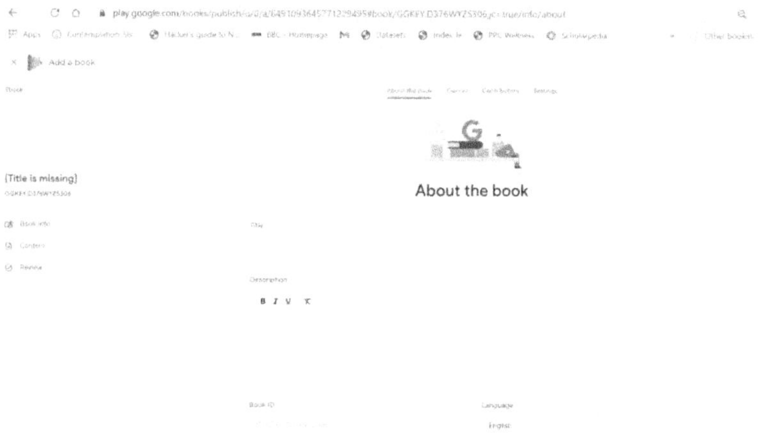

चित्र 8. नई पुस्तक का विवरण के लिए Google play गूगल प्ले पुस्तकें पार्टनर सेंटर (google play books partner center) का इंटरफ़ेस

4.2 गूगल प्ले किताबें

अपनी पुस्तकों को Google play पुस्तकों पर सूचीबद्ध करने या बेचने के लिए, एक लेखक पुस्तक की वर्ड फ़ाइल या PDF फ़ाइल बना सकता है और Google Play (गूगल प्ले) पार्टनर सेंटर का उपयोग करके इसे Google Play पर अपलोड कर सकता है।

गूगल प्ले पार्टनर सेंटर की वेबसाइट है https://play.google.com/books/publish/u/0/

चित्र 8 एक नई पुस्तक जोड़ने के लिए Google Play पुस्तकें पार्टनर सेंटर इंटरफ़ेस दिखाता है।

एक बार बुक कवर और आंतरिक पीडीएफ फाइलों को इंटरफेस का उपयोग करने के बाद, यह Google Play पुस्तकों के हिस्से के रूप में सूचीबद्ध हो जाएगा। यहाँ, लेखक निम्नलिखित दो क्रियाओं में से किसी एक को चुन सकता है:

- पुस्तक को बिक्री के लिए (विभिन्न देशों में पुस्तक मूल्य निर्दिष्ट करने के बाद) Google Play पर रखें।
- पुस्तक को Google पुस्तकें पर पूर्वावलोकन के लिए रखें। इसका अर्थ है लोगों को पढ़ने के लिए कुछ पृष्ठ (जैसे कि पुस्तक का 10-20%) रखना।

Google play पुस्तकों पर किसी पुस्तक को सूचीबद्ध करने का मुख्य लाभ यह है कि यह Google खोज परिणामों में उच्चतर दिखाई दे सकती है।

4.3 ड्राफ्ट2डिजिटल

ड्राफ्ट2डिजिटल (https://www.draft2digital.com/) एक उत्कृष्ट साइट है जो कई साइटों जैसे राकुटेन कोबो, बार्न्स एंड नोबल, एप्पल बुक्स, स्क्रिब्ड, बिब्लियोथेका आदि को ई-पुस्तकें वितरित कर सकती है।

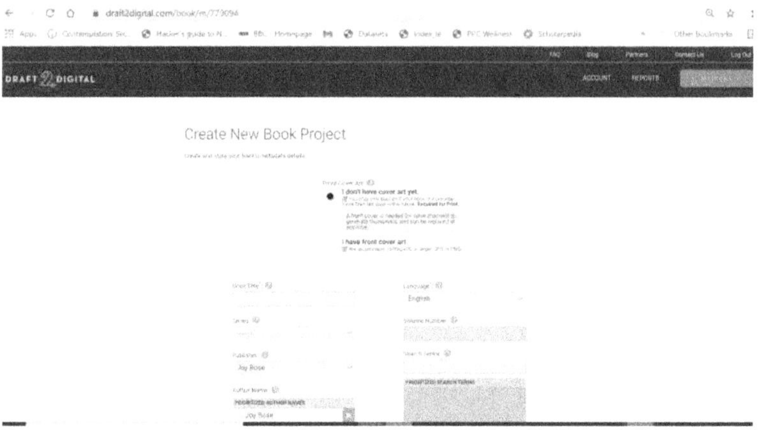

चित्र 9. एक नई पुस्तक के विवरण के लिए ड्राफ्ट2डिजिटल का इंटरफ़ेस। एक बार तैयार होने के बाद, ई-बुक को ड्राफ्ट2डिजिटल द्वारा विभिन्न प्रकाशकों को वितरित किया जाता है।

Draft2Digital का उपयोग करने से पुस्तक लेखक को कई प्रकाशन साइटों पर अपनी ई-पुस्तकें वितरित करने में बहुत समय और प्रयास की बचत हो सकती है। लेखक दुनिया भर में अपनी किताबों के लिए एक ही कीमत या अलग-अलग प्रकाशकों के लिए अलग-अलग कीमत तय कर सकता है।

चित्र 9 एक नई पुस्तक का विवरण जोड़ने के लिए Draft2Digital इंटरफ़ेस दिखाता है। कोई भी पुस्तक पांडुलिपि को पीडीएफ (PDF) या DOC या EPUB जैसे किसी भी सामान्य प्रारूप में अपलोड कर सकता है, और वेब-आधारित इंटरफ़ेस इसे विभिन्न ऑनलाइन प्रकाशकों को वितरित करने से पहले इसे EPUB में परिवर्तित कर देता है।

4.4 अन्य प्रकाशक

Draft2Digital के समान, दुनिया भर में कई अन्य प्रकाशक हैं जो विभिन्न साइटों पर ई-पुस्तकें वितरित कर सकते हैं। उनमें से कुछ इस प्रकार हैं:

- लेखकों के लिए Apple books https://authors.apple.com/
- Smashwords https://www.smashwords.com/ (— Draft2Digital ने 2022 में Smashwords का अधिग्रहण किया। Smashwords की बुक शॉप अभी भी सुलभ है।)
- IngramSpark https://www.ingramspark.com/
- Lulu https://www.lulu.com/
- Kobo Writing Life https://www.kobo.com/us/en/p/writinglife
- Barnes and Noble https://press.barnesandnoble.com/

4.5 ई-पुस्तकों के लिए भारतीय प्रकाशक

ई-पुस्तकों के लिए एक भारतीय स्व-प्रकाशन कंपनी है Pothi.com https://pothi.com/

Pothi.com पुस्तकों को PDF के रूप में प्रकाशित करता है।

ई-पुस्तकों के लिए अन्य भारतीय कंपनियां भी हैं जिन्हें एक लेखक Google पर खोज सकता है और उपयोग कर सकता है।

भारत विशिष्ट कंपनियों का उपयोग करने का एक फायदा यह है कि उन्हें भारतीय भाषाओं जैसे हिंदी, बंगाली, तमिल, मराठी आदि के लिए बेहतर समर्थन मिलेगा। साथ ही, उनके मूल्य निर्धारण और सेवाओं को भारतीय बाजार के अनुरूप बनाया जाएगा।

4.6 निष्कर्ष

इस अध्याय में, हमने लेखकों के लिए अपनी ई-पुस्तकें प्रकाशित करने के लिए विभिन्न वेबसाइटों पर चर्चा की है। अगले अध्याय में हम पेपरबैक और हार्डबैक पुस्तकों के प्रकाशन के विकल्पों पर विचार करेंगे।

अध्याय 5

पेपरबैक और हार्डबैक पुस्तकें कैसे प्रकाशित करें

इस अध्याय में, हम विभिन्न तरीकों पर चर्चा करते हैं जिसके द्वारा एक लेखक अपनी मुद्रित पुस्तकों को प्रकाशित कर सकता है, जिसमें हार्डकवर और पेपरबैक शामिल हैं।

5.1 मुद्रित पुस्तकों को डिजाइन करने के लिए चयन करने के लिए विकल्प

पेपरबैक या हार्डकवर पुस्तक डिजाइन करते समय, लेखकों को कुछ अतिरिक्त विकल्प भरने होते हैं जैसे कि निम्नलिखित:

- काला-सफेद या रंगीन
- बाध्यकारी प्रकार (काठी सिलाई, मुलायम कवर, हार्ड कवर)
- कवर के लिए चमकदार या मैट फ़िनिश
- पुस्तक का आकार (जैसे A4 या A5 या 5*7 इंच, 6*9 इंच)

उपरोक्त विकल्प यह भी प्रभावित करते हैं कि अंतिम पुस्तक की कीमत क्या होगी।

मूल्य निर्धारित करने में, पुस्तक प्रकाशक ऊपर दिए गए विकल्पों के आधार पर पुस्तक को प्रिंट करने के लिए न्यूनतम मूल्य निर्धारित करते हैं। लेखक के पास न्यूनतम से अधिक मूल्य निर्धारित करने का विकल्प होता है, जैसा कि वे उचित समझ सकते हैं। बेची गई प्रत्येक पुस्तक के लिए लेखक की रॉयल्टी अक्सर उनके द्वारा चुनी गई न्यूनतम कीमत पर मार्जिन पर निर्भर करती है।

5.2 अमेज़न किंडल डायरेक्ट पब्लिशिंग (KDP)

केडीपी (https://kdp.amazon.com/en_US/) का उपयोग न केवल ई-किताबें प्रकाशित करने के लिए किया जा सकता है बल्कि पुस्तकों को प्रिंट करने के लिए भी किया जा सकता है, जो बाद में अमेज़ॉन के माध्यम से बिक्री के लिए उपलब्ध होगी।

हालाँकि, जिन भाषाओं में मुद्रित पुस्तकें प्रकाशित की जा सकती हैं, उनकी संख्या सीमित है। उदाहरण के लिए, यह वर्तमान में केवल निम्नलिखित भारतीय भाषाओं का समर्थन करता है:

- हिंदी
- तामिल
- मराठी

- मलयालम

यह अन्य व्यापक रूप से बोली जाने वाली भारतीय भाषाओं जैसे उड़िया, बांग्ला, कन्नड़ आदि को कवर नहीं करता है। यह संभव है कि भविष्य में केडीपी के लिए समर्थित भाषाओं की संख्या का विस्तार होगा।

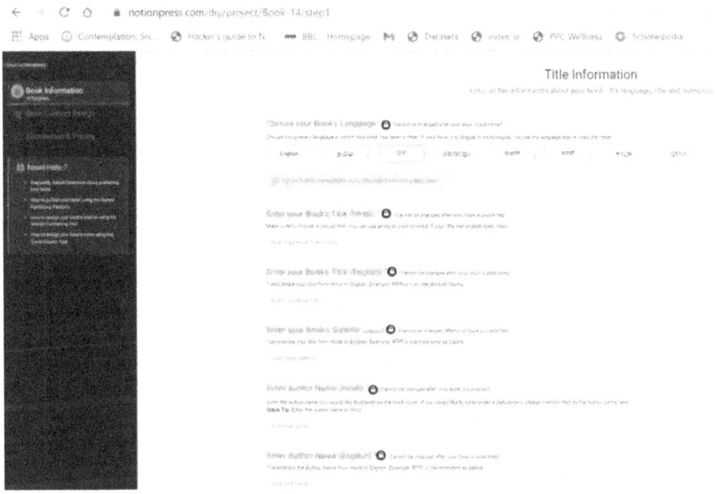

चित्र 10. नई पुस्तक का विवरण के लिए नोशन प्रेस वेबसाइट का इंटरफ़ेस

5.3 नोशन प्रेस पब्लिशिंग (भारतीय पुस्तकों के लिए)

नोशन प्रेस (https://notionpress.com/en) भारत में प्रिंट पुस्तकों के प्रकाशन के लिए काफी अच्छी साइट है। इसमें कई भारतीय भाषाओं का समर्थन है।

पुस्तक का न्यूनतम मूल्य पृष्ठों की संख्या और पुस्तक के आकार तथा अन्य विशेषताओं के आधार पर निर्धारित किया जाता है।

चित्र 10 पुस्तक विवरण के लिए नोशन प्रेस इंटरफ़ेस दिखाता है।

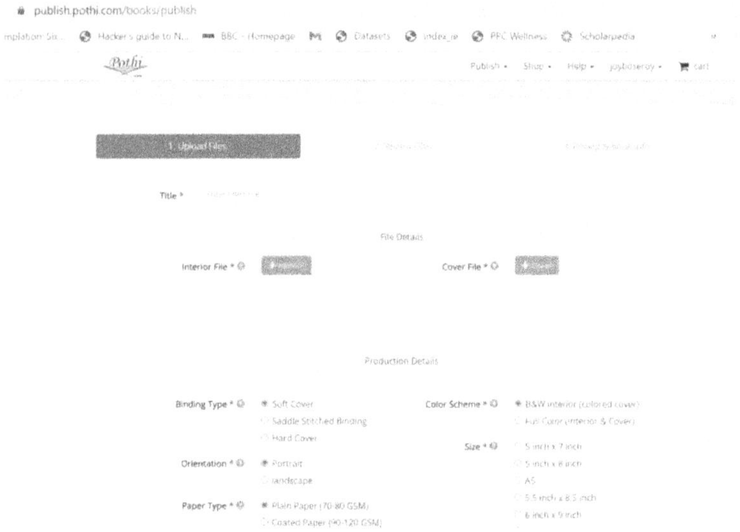

चित्र 11. नई पुस्तक का विवरण के लिए Pothi.com वेबसाइट का इंटरफ़ेस

5.4 Pothi.com (भारतीय पुस्तकों के लिए)

पोथी (https://pothi.com/) एक और साइट है जो प्रिंट-ऑन-डिमांड के साथ स्वयं-प्रकाशन के लिए अच्छी है। उदाहरण के लिए जब पुस्तक की प्रतियों की संख्या कम होती है और कोई व्यक्ति अपने मित्रों और चुनिंदा पाठकों के बीच पुस्तक की प्रारंभिक प्रतियां वितरित करना चाहता है। किताबें तभी छपती हैं जब उन्हें ऑर्डर किया जाता है।

यह कई भारतीय भाषाओं को भी सपोर्ट करता है।

चित्र 11 एक नई पुस्तक का विवरण जोड़ने के लिए pothi.com इंटरफ़ेस दिखाता है।

5.5 अन्य भारतीय स्वयं-प्रकाशन कम्पनीआं

मुद्रित पुस्तकों के प्रकाशन के लिए अन्य भारतीय कंपनियों की भी काफी अच्छी संख्या है, जिनमें से प्रत्येक के अपने फायदे और नुकसान हैं। अधिक विस्तृत सूची के लिए कोई भी Google या quora पर खोज कर सकता है।

ऐसी कुछ कंपनियों में निम्नलिखित शामिल हैं:

- White Falcon Publishing https://whitefalconpublishing.com/
- Blue Rose Publishers https://bluerosepublishers.com/
- 24by7 publishing https://www.24by7publishing.com/
- Blue Hill publications https://bluehillpublications.in/
- Become Shakespeare https://www.becomeshakespeare.com/
- Partridge Publishing https://www.partridgepublishing.com/en-in

- Evincepub https://evincepub.com/
- BookLeaf Publishing https://www.bookleafpub.com/ — यह लेखकों को 100% रॉयल्टी मॉडल प्रदान करता है। यह पेपरबैक और ईबुक दोनों प्रारूपों में वैश्विक वितरण सहित प्रकाशन का समर्थन करता है।
- Clever Fox Publishing https://cleverfoxpublishing.com/ — चेन्नई, बंगलुरु और लंदन में कार्यालयों के साथ साथ हयब्रिड प्रकाशक। ...2,500 रुपए से शुरू होने वाले पैकेज और 40,000+ स्टोरों में वितरण।
- Zorba Books https://www.zorbabooks.com/ — नई भारतीय लेखकों के लिए संपादन, डिऑजाइन, वितरण और विपणन सेवाएं प्रदान करने वाला प्रतिष्ठित प्लेटफ़ॉर्म।

5.6 निष्कर्ष

इस अध्याय में, हमने लेखकों के लिए अपनी पेपरबैक पुस्तकों को प्रकाशित करने के लिए विभिन्न कंपनियों पर चर्चा की है।

अध्याय 6
ऑडियोबुक कैसे प्रकाशित करें

इस अध्याय में, हम उन तरीकों पर चर्चा करेंगे जिनके द्वारा एक भारतीय लेखक अपनी ऑडियोबुक प्रकाशित कर सकता है।

आजकल, ऑडियोबुक अधिक से अधिक लोकप्रिय हो रही हैं और उनकी बिक्री हर साल बढ़ रही है। बहुत से लोग जिम में, दौड़ते हुए, ऑफिस से आते-जाते, गाड़ी चलाते हुए या सोने से पहले भी ऑडियो बुक्स सुनना पसंद करते हैं। बहुत से लोग मुद्रित पुस्तकों या ई-पुस्तकों की तुलना में ऑडियो पुस्तकें पसंद कर सकते हैं।

कई प्रकाशित लेखक अपनी पुस्तक को ऑडियोबुक के रूप में फिर से प्रकाशित करना चाह सकते हैं। लेखकों के लिए अधिक पाठकों तक पहुंचने के लिए उनका उपयोग एक अतिरिक्त साधन के रूप में किया जा सकता है। एक लेखक प्रिंट संस्करण और ऑडियो संस्करण प्राप्त करने के बजाय अपनी पांडुलिपि को सीधे ऑडियोबुक रूप में प्रकाशित करना चाह सकता है।

एक ऑडियोबुक बनाने के लिए, किसी को पुस्तक अध्यायों की ध्वनि फ़ाइलों को पेशेवर रूप से रिकॉर्ड करने और पुस्तक के लिए एक उचित कवर छवि तैयार करने की आवश्यकता होती है।

एक ऑडियोबुक प्रकाशित करने के चरणों का वर्णन निम्नलिखित अनुभागों में किया गया है।

6.1 आवाज रिकॉर्ड करके पुस्तक की ऑडियो फाइल बनाना

लेखक को पहले अपने ऑडियोबुक के लिए ऑडियो फाइलों को रिकॉर्ड करना होगा। ये MP3 या अन्य सामान्य स्वरूपों में हो सकते हैं

लेखकों के लिए ऑडियो फ़ाइलें तैयार करने का एक तरीका यह है कि वे स्वयं पुस्तक के वर्णन को रिकॉर्ड करें। यह पेशेवर उपकरणों के साथ किया जाना चाहिए। लेखकों को स्पष्ट आवाज के साथ धीरे-धीरे बोलने का ध्यान रखना चाहिए, और अपनी ऑडियोबुक के विशेष अध्याय में वर्णित स्थिति के अनुसार अपनी आवाज को एनोटेट करना चाहिए। उदाहरण के लिए, फिक्शन किताबों में अलग-अलग किरदारों का नैरेशन अलग-अलग तरीके से किया जाना चाहिए।

लेखकों को रिकॉर्ड की गई पुस्तक के प्रत्येक अध्याय को एक अलग ऑडियो फ़ाइल के रूप में सहेजना होगा। तो, शीर्षक, प्रस्तावना और अन्य खंड, और प्रत्येक अध्याय को अलग से रिकॉर्ड किया जाना चाहिए और mp3 फ़ाइल के रूप में सहेजा जाना चाहिए।

लेखकों के लिए दूसरा विकल्प एक स्पष्ट आवाज के साथ एक अच्छे कथाकार को नियुक्त करना है जो अपनी ऑडियो बुक के

लिए आवाज को बयान करने और रिकॉर्ड करने के लिए सहमत हो सकता है। पेशेवर कथाकारों के लिए शुल्क या तो तय किया जा सकता है या परक्राम्य हो सकता है, ऑडियो बुक पढ़ने के लिए घंटों में समय और पुस्तक में शब्दों की संख्या के आधार पर।

ऑडियोबुक बनाने के पिछले अनुभव वाले किसी व्यक्ति को ढूंढना बेहतर है और आदर्श रूप से उन्हें उस भाषा का मूल वक्ता होना चाहिए जिसमें लिखी गई पुस्तक है, जैसे कि अंग्रेजी के देशी वक्ता।

वॉयस नैरेटर खोजने के लिए कुछ अच्छी जगहों में निम्नलिखित शामिल हैं:

- अमेज़न एसीएक्स (ACX) https://www.acx.com/ और ऑडिबल (www.audible.com)
- फाइंडअवे वॉइसेस https://findawayvoices.com/
- Fiverr जैसी फ्रीलांस गिग साइट्स (https://www.fiverr.com/)

वर्तमान में ACX और www.audible.com के साथ एक समस्या यह है कि वे वर्तमान में भारतीय लेखकों और भारत से प्रकाशित पुस्तकों के साथ काम नहीं करते हैं। इस समस्या को हल करने का एक तरीका यह है कि किसी मित्र को अमेरिका या ब्रिटेन से पुस्तक प्रकाशित करने के लिए कहा जाए।

वैकल्पिक रूप से, एक भारतीय लेखक फाइंडअवे वॉयस जैसी साइटों का उपयोग करके अपने रिकॉर्ड किए गए ऑडियोबुक को प्रकाशित कर सकता है जो ऑडियोबुक को कोबो (kobo) और ऐप्पल (apple) जैसे अन्य ऑडियोबुक विक्रेताओं के साथ ऑडिबल को वितरित करेगा।

यह याद रखना महत्वपूर्ण है कि www.audible.com और अन्य ऑडियोबुक विक्रेताओं के पास ऑडियोबुक के लिए सख्त दिशानिर्देश हैं, जो आवाज की गुणवत्ता, पृष्ठभूमि शोर, गति और स्पष्टता आदि से संबंधित हैं। यह सुनिश्चित करना महत्वपूर्ण है कि रिकॉर्ड की गई ऑडियो फ़ाइलें इन दिशानिर्देशों को पूरा करती हैं। पेशेवर कथाकार या ऑडियोबुक सुनाने में पिछले अनुभव वाले लोग इस कारण से बेहतर हैं।

6.2 ऑडियो बुक के लिए कवर इमेज डिजाइन करना

एक बार ऑडियो फाइल रिकॉर्ड हो जाने के बाद, लेखक के लिए अगला कदम ऑडियो बुक के लिए एक कवर इमेज डिजाइन करना होता है। कवर छवि को आदर्श रूप से एक वर्ग के रूप में आकार दिया जाना चाहिए, और इसमें एक कवर छवि, पुस्तक का शीर्षक और लेखकों का नाम शामिल होना चाहिए।

पिछले अध्यायों में ई-बुक्स और पेपरबैक के लिए वर्णित टूल और वेबसाइटों के समान, कवर को डिजाइन करने के लिए यहां

फिर से कैनवा डॉट कॉम (canva.com) जैसी वेबसाइट का उपयोग किया जा सकता है।

6.3 प्रकाशक को ऑडियो बुक प्रस्तुत करना

एक बार जब ऑडियो फ़ाइलें तैयार हो जाती हैं और कवर बन जाता है, तो लेखक उन्हें वितरण और बिक्री के लिए किसी भी ऑडियोबुक साइट पर सबमिट कर सकता है।

वितरण के लिए पुस्तक को स्वीकार करना है या नहीं, यह तय करने के लिए एसीएक्स और फाइंडअवे वॉयस जैसी साइटों के अपने कड़े नियम हैं। आमतौर पर यदि लेखक किसी पेशेवर कथाकार से अनुभव के साथ वर्णन करवाता है, तो उन्हें ठीक होना चाहिए। audible.com के लिए, बेहतर होगा कि प्रिंट बुक और/या ई-बुक (एक ही शीर्षक और लेखकों के साथ) को भी amazon.com पर प्रकाशित किया जाए।

लेखक को ऑडियोबुक के लिए एक मूल्य और पुस्तकालयों को उधार देने के लिए एक पुस्तकालय मूल्य भी निर्धारित करना पड़ता है। घंटे में ऑडियोबुक की लंबाई के आधार पर एक सुझाई गई कीमत है। लेखक उनकी ऑडियोबुक को बेचने के लिए उचित मूल्य तय करने से पहले उन कीमतों को देख सकते हैं जिन पर समान शैली और लंबाई की अन्य ऑडियोबुक बेची जा रही हैं।

6.4 बिक्री के लिए ऑडियोबुक को मंजूरी

एक बार जब ऑडियोबुक फाइलें और कवर इमेज वितरण साइट की गुणवत्ता जांच पास कर लेती हैं, तो इसे साइट पर बिक्री के लिए स्वीकृत किया जाएगा (जैसे कि findawayvoices.com या ACX.com) या विभिन्न ऑडियोबुक साइटों को वितरित किया जाएगा।

6.5 ऑडियोबुक का विपणन

लेखकों के लिए, ऑडियो पुस्तकों को यथासंभव व्यापक रूप से बाजार में लाने के लिए कड़ी मेहनत करना महत्वपूर्ण है। विभिन्न चैनलों में और दोस्तों और पढ़ने वाले समूहों जैसे लोगों के विभिन्न समूहों के साथ पुस्तक का प्रचार करना अच्छा है। पुस्तक को बढ़ावा देने और संभावित खरीदारों तक पहुंचने के लिए किसी को पुस्तक पढ़ने, पॉडकास्ट, पुस्तक उत्सव और सम्मेलनों में भाग लेना पड़ सकता है, ब्लॉग लिखना आदि।

एक ऑडियो बुक प्रकाशित करने में बहुत मेहनत लगती है, इसमें कोई शक नहीं। लेकिन इसे अंततः प्रकाशित करना और लोगों को खरीदने और सुनने के लिए उपलब्ध कराना भी उतना ही फायदेमंद है।

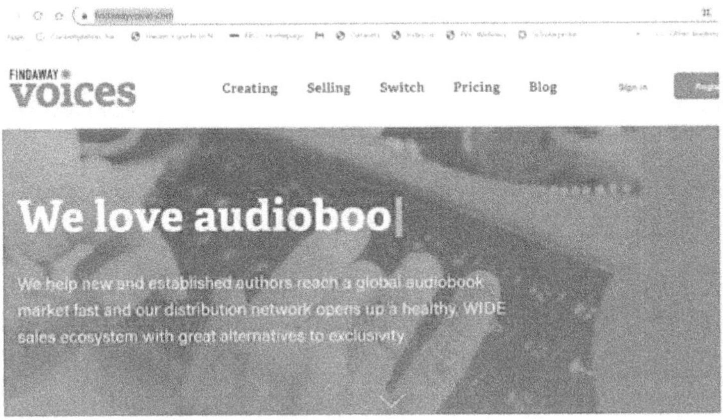

चित्र 12. फाइंडअवे वॉयस की वेबसाइट, जो एक लोकप्रिय ऑडियोबुक बनाने के लिए साइट है

निम्नलिखित उपखंडों में, हम ऑडियो पुस्तकों के प्रकाशन और वितरण के लिए कुछ लोकप्रिय प्रकाशकों को देखते हैं।

6.6 फाइंडवे वॉइसेस (Findaway Voices)

ऑडियो बुक को रिकॉर्ड करने और रिकॉर्ड करने के लिए पेशेवर नैरेटर खोजने के साथ-साथ Google play audiobooks और amazon के श्रव्य सहित विभिन्न वितरकों को स्वीकृत पुस्तक भेजने के लिए Findaway वॉइसेस एक अच्छी साइट है। यह देखते हुए कि अमेज़ॅन का ACX वर्तमान में भारत के लिए उपलब्ध नहीं है, भारत के लेखकों के लिए ऑडिबल डॉट कॉम (www.audible.com) पर अपनी ऑडियो पुस्तकें डालने का यही एकमात्र तरीका हो सकता है।

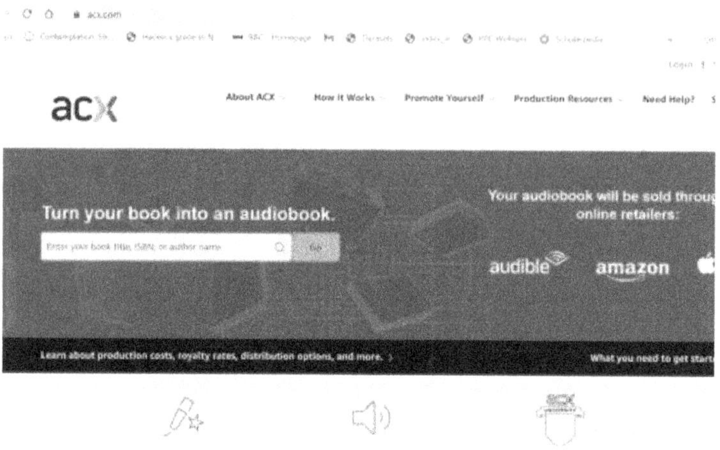

चित्र 13. www.audible.com पर ऑडियोबुक सामग्री बनाने के लिए एसीएक्स की वेबसाइट

6.7 ACX

अमेज़ॅन का एसीएक्स लेखकों के लिए अमेज़ॅन की www.audible.com पर अपनी किताबें रखने के लिए सबसे लोकप्रिय साइट है, जहां उन्हें www.audible.com ऑडिबल के ग्राहकों द्वारा खरीदा जा सकता है, जो वर्तमान में ऑडियोबुक के लिए सबसे बड़ा बाजार है।

यह लेखक को पाठकों और कथाकारों से जोड़ने में भी मदद कर सकता है जो पुस्तक की लंबाई के आधार पर ऑडियोबुक को पेशेवर रूप से और उचित मूल्य पर रिकॉर्ड कर सकते हैं।

अध्याय 7
भारतीय भाषाओं में पुस्तकों का प्रकाशन

इस अध्याय में हम किंडल और अन्य प्रकाशन माध्यमों पर भारतीय भाषाओं में पुस्तकों को प्रकाशित करने के तरीकों को देखते हैं।

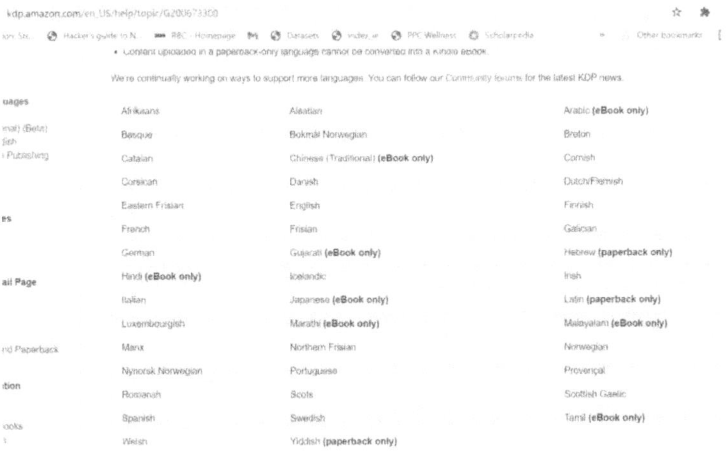

चित्र 14. Amazon KDP वेबसाइट पर प्रदर्शित समर्थित भाषाओं की सूची

7.1 वर्तमान में Amazon KDP पर समर्थित भाषाएँ

वर्तमान में, Amazon Kindle केवल निम्नलिखित भारतीय भाषाओं का समर्थन करता है: हिंदी, मराठी, तमिल और मलयालम। बंगाली या गुजराती जैसी भाषाएँ अभी भी समर्थित नहीं हैं। इसलिए, वर्तमान में केवल समर्थित भाषाओं में किंडल किताबें ही लिखी जा सकती हैं।

यहां तक कि इन भारतीय भाषाओं को केवल केडीपी KDP (किंडल डायरेक्ट पब्लिशिंग) का उपयोग करके किंडल पर ई-बुक्स को सेल्फ-पब्लिश करने के लिए सपोर्ट किया जाता है, पेपरबैक या हार्डबैक के लिए नहीं। इसलिए, भारतीय लेखकों को किसी तीसरे पक्ष के भारतीय पुस्तक प्रकाशक जैसे Notionpress या Pothi.com का उपयोग करके अपनी पुस्तकों के लिए पेपरबैक संस्करण बनाना होगा।

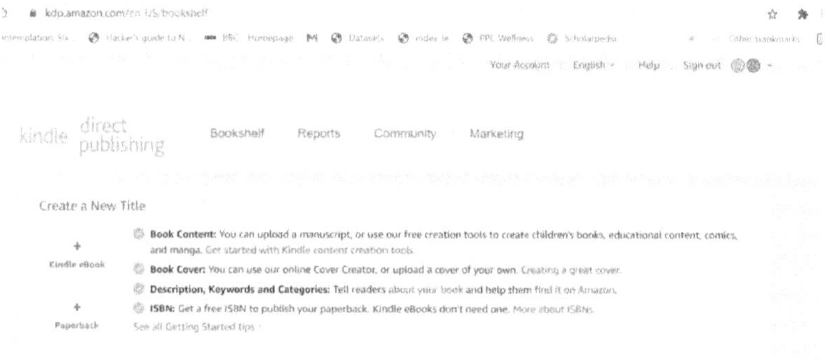

चित्र 15. एक नई पुस्तक जोड़ने के लिए केडीपी (KDP) इंटरफ़ेस

7.2 केडीपी समर्थित भारतीय भाषाओं में स्व-प्रकाशन की प्रक्रिया

केडीपी समर्थित भाषाओं (हिंदी, मराठी, तमिल और मलयालम) के लिए पुस्तक प्रकाशित करने की प्रक्रिया इस प्रकार है:

1 माइक्रोसॉफ्ट वर्ड (Microsoft word) जैसे वर्ड एडिटिंग सॉफ्टवेयर का उपयोग करके पुस्तक लिखें

2 या फिर, किंडल क्रिएट (kindle create) सॉफ्टवेयर डाउनलोड करें और वहां पुस्तक को संपादित करें

3 अन्यथा, पुस्तक को ऐसे प्रारूप में बनाएं जिसे अधिकांश ई-पाठक समझते हैं: जैसे कि EPUB। EPUB फ़ॉर्मेट में पुस्तक कैसे बनाएं, इसके लिए Google पर खोजें।

4 अमेज़न केडीपी वेबसाइट https://kdp.amazon.com/en_US/ पर जाएं

5 साइन इन करें, "+Kindle e-book" के लिए आइकन पर क्लिक करें

6 भाषा चुनें, मेटाडेटा विवरण भरें जैसे शीर्षक, सारांश और कीवर्ड

7 मेटाडेटा विवरण दर्ज करने के बाद अगले पृष्ठ में, भारतीय भाषा की पुस्तक की पांडुलिपि को MS Word फ़ाइल या Amazon Kindle प्रारूप फ़ाइल KPF, या EPUB के रूप में अपलोड करें।

8 ई-बुक के लिए एक कवर डिजाइन करें। यहां लेखक या तो अमेज़ॅन कवर क्रिएटर (cover creator) का उपयोग कर

सकते हैं, जो कि उपयोग में आसान है, या कवर की अपनी छवि अपलोड कर सकते हैं।

9 यह सुनिश्चित करने के लिए तैयार पुस्तक का पूर्वावलोकन करें कि यह सही ढंग से स्वरूपित है।

10 मूल्य निर्धारण स्तर निर्धारित करें। Amazon.in के लिए, भारतीय बाजार के लिए ई-बुक खरीदने की न्यूनतम कीमत 49 रुपये है। हालाँकि, एक लेखक अपनी पुस्तक को केडीपी सेलेक्ट (KDP select) में नामांकित कर सकता है और फिर पुस्तक किंडल अनलिमिटेड (kindle unlimited) का हिस्सा बन जाती है और इसके ग्राहक इसे पढ़ सकते हैं। KDP सेलेक्ट पुस्तकों में सीमित समय के लिए मुफ्त या छूट जैसे विशेष ऑफ़र भी हो सकते हैं।

7.3 भारतीय भाषा की पुस्तकों को स्वयं प्रकाशित करने के अन्य विकल्प

यदि किसी लेखक को अपनी पुस्तक को विभिन्न भारतीय भाषाओं में प्रकाशित करना है, तो अन्य विकल्प नीचे वर्णित हैं।

1. किंडल केडीपी के अलावा अन्य प्रकाशन प्लेटफार्मों पर पुस्तक प्रकाशित करें। विकल्पों में कोबो, गूगल प्ले बुक्स, एप्पल बुक्स आदि शामिल हैं। गूगल प्ले बुक्स के लिए गूगल प्ले पार्टनर सेंटर में उन्हें प्रकाशित किया जा सकता है। अन्य प्लेटफार्मों के लिए कोई भी ड्राफ्ट2डिजिटल जैसी साइट का उपयोग कर सकता है

और वहां अपनी भारतीय भाषा की पुस्तक प्रकाशित कर सकता है। Draft2digital पुस्तक को अन्य प्लेटफार्मों पर निःशुल्क वितरित कर सकता है।

2. भारतीय स्वयं-प्रकाशन साइटों जैसे NotionPress और Pothi.com पर पुस्तक प्रकाशित करें। Pothi.com ई-बुक्स और पेपरबैक प्रकाशन दोनों का समर्थन करता है, जबकि NotionPress फिलहाल केवल पेपरबैक का समर्थन करता है। pothi.com में, कोई भी भारतीय भाषा की पुस्तक को पीडीएफ के रूप में प्रकाशित कर सकता है और पीडीएफ ई-बुक को बेचने के लिए उचित मूल्य निर्धारित कर सकता है।
3. भारतीय ई-पुस्तकों के स्व-प्रकाशन के लिए कई अन्य तृतीय-पक्ष साइटें और ऐप्स हैं। इसके लिए कुछ साइट प्राप्त करने के लिए कोई भी Google में खोज कर सकता है।
4. कोई भी भारतीय भाषा की पुस्तकों के लिए पारंपरिक प्रकाशन साइटों का उपयोग कर सकता है (स्व-प्रकाशन नहीं)। हालाँकि, यह एक लंबी प्रक्रिया है और प्रकाशकों द्वारा पुस्तक की समीक्षा की आवश्यकता है, जैसा कि अध्याय 1 में बताया गया है।

7.4 निष्कर्ष

इस अध्याय में, हमने अमेज़ॅन किंडल और अन्य विकल्पों में अपनी ई-पुस्तकों को प्रकाशित करने के लिए लेखकों के लिए

चरणों की एक संक्षिप्त रूपरेखा प्रस्तुत की है। भारतीय भाषा की पुस्तक या ई-पुस्तक प्रकाशित होने के बाद, लेखकों को विभिन्न चैनलों के माध्यम से प्रकाशित पुस्तक के विपणन पर भी ध्यान देना चाहिए।

अध्याय 8

पुस्तकों का विपणन और प्रचार करना

इस अध्याय में, हम स्व-प्रकाशित लेखकों के लिए अपनी पुस्तकों का विपणन करने और अधिक पाठकों तक पहुँचने के तरीकों पर चर्चा करते हैं।

8.1 मुफ़्त या रियायती ई-पुस्तक प्रचार

अमेज़ॅन केडीपी सिलेक्ट एक ऐसा तंत्र है जिसके द्वारा लेखक अपनी ई-बुक्स को किंडल अनलिमिटेड का हिस्सा बनाकर और फ्री या डिस्काउंटेड बुक प्रमोशन चलाकर उनका प्रचार कर सकते हैं। हालांकि, केडीपी सिलेक्ट प्रकृति में अनन्य है, जिसका अर्थ है कि लेखकों को अपनी ई-पुस्तकों को अमेज़ॅन के अलावा किसी अन्य ई-बुक साइट पर बिक्री के लिए सूचीबद्ध नहीं करने के लिए सहमत होना होगा।

अन्य ई-बुक प्रकाशकों जैसे ड्राफ्ट2डिजिटल, गूगल प्ले बुक्स, कोबो, नोशन प्रेस आदि के साथ मुफ्त और रियायती ई-बुक प्रचार भी उपलब्ध हैं।

8.2 पुस्तक मेलों और ऐसे अन्य आयोजनों में भाग लेना

स्व-प्रकाशित लेखकों के लिए अपनी पुस्तकों और ई-पुस्तकों को बढ़ावा देने का एक अन्य तरीका पुस्तक उत्सवों, पुस्तक मेलों, लेखक द्वारा पुस्तक वाचन और लेखक द्वारा पुस्तक हस्ताक्षर जैसे कार्यक्रमों में भाग लेना शामिल है। हालाँकि, ऐसा करने के लिए, अन्य लेखकों और प्रकाशकों का एक अच्छा नेटवर्क होना महत्वपूर्ण है, क्योंकि इनमें से कुछ कार्यक्रम केवल आमंत्रण पर आधारित होते हैं।

8.3 ब्लॉग पोस्ट, वीडियो और पॉडकास्ट प्रकाशित करना

लेखक अपने और अपनी पुस्तकों का एक ब्लॉग बनाकर प्रचार कर सकते हैं जिसे वे नियमित रूप से अपडेट करते हैं। वे पुस्तक पढ़ने और पुस्तक से संबंधित चर्चाओं के YouTube या vimeo वीडियो भी डाल सकते हैं। वे प्रकाशित पुस्तकों से संबंधित विषयों पर चर्चा के पॉडकास्ट (podcast) भी जारी कर सकते हैं।

https://anchor.fm/ एक अच्छी वेबसाइट है जो लेखक के ब्लॉग पोस्ट को पॉडकास्ट एपिसोड में परिवर्तित करके पॉडकास्ट बनाने में मदद कर सकती है। यह परिणामी लेखक के पॉडकास्ट को Spotify और Apple पॉडकास्ट जैसी वेबसाइटों पर भी वितरित करता है।

समय के साथ, इन गतिविधियों का संचयी प्रभाव होता है और इसके परिणामस्वरूप पाठकों की निरंतर वृद्धि होती है। लेकिन

इसके लिए कड़ी मेहनत करनी पड़ती है और किसी को भी रातोंरात परिणाम की उम्मीद नहीं करनी चाहिए।

8.4 लेखक वेबसाइट और पुस्तक वेबसाइट

लेखकों के लिए अपनी पुस्तकों का प्रचार करने का एक अन्य तरीका यह है कि वे अपनी और अपनी पुस्तकों के लिए एक पेशेवर दिखने वाली वेबसाइट का निर्माण करें। Wordpress (www.wordpress.com) न्यूनतम प्रयास के साथ पेशेवर दिखने वाली वेबसाइट बनाने के लिए एक अच्छी साइट है। हो सके तो लेखक को अपने नाम से वेबसाइट का यूआरएल या डोमेन रजिस्टर करवाना चाहिए। हालाँकि इसकी हमेशा आवश्यकता नहीं होती है और वर्डप्रेस साइट तब तक पर्याप्त है जब तक इसे Google जैसे खोज इंजन द्वारा खोजा जा सकता है।

कभी-कभी, विशेष रूप से अकादमिक और गैर-फिक्शन पुस्तकों के मामले में, लेखक अतिरिक्त सामग्री जैसे संबंधित किताबें, पेपर, व्याख्यान, वीडियो को पुस्तक वेबसाइटों पर डाल सकते हैं, जिसे इच्छुक पाठक आकर देख सकते हैं।

8.5 पुस्तकों को बढ़ावा देने के लिए सोशल मीडिया का इस्तेमाल

इंस्टाग्राम, फेसबुक, ट्विटर, Pinterest, tiktok, quora, लिंक्डइन और अन्य सोशल मीडिया वेबसाइटों का उपयोग लेखक अपनी पुस्तकों को बढ़ावा देने के लिए भी कर सकते हैं।

फेसबुक (www.facebook.com) पर अपना प्रचार करने के लिए लेखक अपनी सभी पुस्तकों के विवरण के साथ एक फेसबुक पेज बना सकते हैं।

ट्विटर (www.twitter.com) के लिए, लेखक अपनी आगामी पुस्तकों, विशेष छूट, पुस्तकों के उद्धरण और लेखों आदि के बारे में ट्वीट (tweet) कर सकते हैं।

Quora (www.quora.com) का उपयोग लेखक अपनी पुस्तकों के विषय से संबंधित प्रश्नों के उत्तर देकर और अपने लेखों को साझा करने के लिए एक समर्पित स्थान बनाकर क्षेत्र में खुद को स्थापित करने के लिए कर सकते हैं।

इंस्टाग्राम (www.instagram.com) व्यापक दर्शकों तक जल्दी पहुंचने के लिए अच्छा है, हालांकि लेखकों को अपने इंस्टाग्राम फीड को पूरी तरह से अपनी किताबों पर केंद्रित करना चाहिए, और अपनी किताबों से उद्धरण, लेखक पुस्तक पढ़ने के कार्यक्रमों के चित्र, पुस्तक पढ़ने के वीडियो आदि प्रकाशित करना चाहिए।

लिंक्डइन (www.linkedin.com) लेखकों के लिए अन्य लेखकों और पुस्तक प्रकाशकों के साथ पेशेवर संबंध बनाने के लिए अच्छा है।

Pinterest (www.pinterest.com) लेखक की पुस्तकों के उद्धरणों को एक अच्छे डिज़ाइन में बनाने के लिए अच्छा है, जिसे लोग अपने दोस्तों के साथ साझा कर सकते हैं।

8.6 मुफ्त डाउनलोड के लिए टीज़र और पुस्तकों के अंश पेश करना

लेखक अपने संभावित पाठकों और खरीदारों में पुस्तकों के प्रति रुचि और जिज्ञासा बढ़ाने के लिए, मुफ्त डाउनलोड के लिए पुस्तक के अंश भी डाल सकते हैं।

8.7 अमेज़न लेखक पृष्ठ का उपयोग करना

अमेज़ॅन लेखक पृष्ठ https://author.amazon.com/ लेखकों के लिए खुद को बढ़ावा देने का एक और तरीका है। यह amazon.com पर सूचीबद्ध पुस्तकों के लेखकों को प्रकाशित पुस्तकों से संबंधित चित्र और वीडियो अपलोड करने के साथ-साथ कई भाषाओं में अपने बारे में जानकारी प्रदान करने की अनुमति देता है।

8.8 गुड्रेड्स (goodreads) का उपयोग करना

Goodreads वेबसाइट (www.goodreads.com) पुस्तक समीक्षकों के लिए एक लोकप्रिय वेबसाइट है और इसलिए

लेखकों के लिए अपनी पुस्तकों को बढ़ावा देने का एक तरीका हो सकता है।

पहला कदम गुडरीड्स पर एक प्रकाशित लेखक के रूप में स्वीकृत होना है। एक बार यह हो जाने के बाद, अच्छे पढ़ने वाले लेखक विभिन्न पुस्तकों का विवरण, पुस्तकों के उद्धरण, प्रकाशित पुस्तकों से संबंधित बातें और वीडियो आदि जोड़ सकते हैं।

8.9 Google विज्ञापनों और Facebook विज्ञापनों का उपयोग करना

लेखक अपनी पुस्तकों का प्रचार करने के लिए Google विज्ञापनों (https://ads.google.com/intl/en_IN/home/) और facebook विज्ञापनों (https://www.facebook.com/business/ads) का भी उपयोग कर सकते हैं। यहां तक कि अमेज़ॅन ने एक विज्ञापन कार्यक्रम (https://advertising.amazon.com/help) शुरू किया है, जहां विशिष्ट कीवर्ड डालने पर लेखक की पुस्तकें खोज सूची के शीर्ष पर दिखाई दे सकती हैं।

8.10 BookTok और लघु-वीडियो मार्केटिंग

पुस्तक विपणन के क्षेत्र में एक महत्वपूर्ण नई प्रवृत्ति है BookTok — TikTok पर पुस्तक प्रेमियों और लेखकों का एक

सक्रिय समुदाय जो लघु-वीडियो में पुस्तक समीक्षाएँ और सिफ़ारिशें साझा करता है। 2025 तक #BookTok हैशटैग को TikTok पर 370 अरब से अधिक व्यू मिल चुके हैं। भारतीय लेखकों के लिए, Instagram Reels और YouTube Shorts समान सुविधाएँ प्रदान करते हैं। लेखक अपने लेखन की प्रक्रिया, पुस्तक से उद्धरण, पाठक प्रश्नों के उत्तर और पुस्तक की थीम पर वीडियो बना सकते हैं।

8.11 ईमेल न्यूज़लेटर बनाना

डेटा लगातार दर्शाता है कि ईमेल मार्केटिंग लेखकों के लिए सबसे प्रभावी प्रचार माध्यमों में से एक है। एक ईमेल न्यूज़लेटर से लेखक उन पाठकों तक सीधे पहुँच सकते हैं जो पहले से उनके काम में रुचि रखते हैं। Mailchimp (https://mailchimp.com/), Substack (https://substack.com/) और ConvertKit (https://convertkit.com/) एसे प्लेटफ़ॉर्म हैं जिनका उपयोग किया जा सकता है। साइन-अप प्रोत्साहित करने के लिए एक निःशुल्क अध्याय या कहानी वितरण की रणनीति कारगर रहती है।

8.12 निष्कर्ष

पुस्तक लिखना और प्रकाशित करना स्व-प्रकाशित लेखकों के लिए केवल पहला कदम है। लोगों के व्यापक समूह तक पहुँचने के लिए मार्केटिंग भी उतनी ही महत्वपूर्ण है, जो पुस्तकों के संभावित खरीदार और पाठक हो सकते हैं।

स्वयं प्रकाशित लेखकों के लिए उनकी पुस्तकों का विपणन कठिन काम है और अच्छे परिणाम प्राप्त करने के लिए इसे निरंतर समय पर किया जाना चाहिए। हालांकि, यह काफी फायदेमंद भी है और किताबों को पढ़ने और खरीदने के लिए व्यापक दर्शक वर्ग मिल सकता है।

अध्याय 9
निष्कर्ष

इस पुस्तक में, हमने विभिन्न उपकरणों और तकनीकों पर चर्चा की है जिनका उपयोग लेखक अपनी पुस्तकों को स्वयं प्रकाशित करने के लिए कर सकते हैं। हमने ई-बुक्स, ऑडियो बुक्स और पेपरबैक्स को शामिल किया है।

हमने विभिन्न रणनीतियों को कवर किया है जिनका उपयोग लेखक स्व-प्रकाशित पुस्तकों के लेखन, प्रकाशन और विपणन के लिए कर सकते हैं। हमने भारतीय भाषाओं में पुस्तकों और पुस्तकों के भारत-आधारित प्रकाशकों को भी कवर किया है।

एक स्व-प्रकाशित लेखक के लिए अपनी पुस्तकों को प्रकाशित करना और उन्हें व्यापक रूप से बेचना आसान काम नहीं है। सेल्फ पब्लिशिंग मार्केट में प्रतिस्पर्धा काफी कड़ी है। पुस्तकों को बढ़ावा देने, कई किताबें लिखने और ब्लॉग और पॉडकास्ट जैसी पूरक गतिविधियों को करने के लिए इसे कई महीनों या वर्षों के निरंतर प्रयासों की आवश्यकता होती है।

हालाँकि, यदि लेखक आवश्यक परिश्रम करने और अपने पाठकों के लिए उपयोगिता प्रदान करने के लिए तैयार है, तो उनके प्रयास समय के साथ फलदायी हो सकते हैं और स्व-प्रकाशित पुस्तकें बेस्टसेलर भी बन सकती हैं।

www.ingramcontent.com/pod-product-compliance
Lightning Source LLC
LaVergne TN
LVHW051632071026
849535LV00009BA/3551
* 9 7 8 1 6 8 5 8 6 0 6 9 1 *